Originalausgabe

5 4 3 2
ISBN 3-88117-600-4
Gestaltung: Niels Bonnemeier
Redaktion: Monika Römer, Gabriele Heßmann
© 2003 Verlag W. Hölker GmbH, Münster

Sibylle Reiter
Andrea Kösslinger

Das kleine
Wildkräuter
Kochbuch

Bärlauch,
Brunnenkresse & Co

Hölker Verlag

Inhalt

Die Rezepte in diesem Buch sind
für 4 Personen berechnet.

Vorwort

Wenn die kalte Winterzeit vorüber ist und der Schnee langsam das Erdreich freigibt, kann der lang ersehnte Frühling endlich Einzug halten. Der Boden saugt die warmen Sonnenstrahlen auf und das frische junge Grün lugt zaghaft aus dem Boden. Nun dauert es nicht mehr lange, bis auch die ersten Küchenkräuter zu wachsen beginnen.

Man kann sich also getrost auf den Weg machen, in heimischen Wäldern, in Feuchtbiotopen an Bachläufen und Wiesen fündig werden und vielleicht sogar mit reicher Beute nach Hause zurückkehren.

Für dieses Buch haben wir unter den zahlreichen Wildkräutern fünf ausgewählt: Bärlauch, Brunnenkresse, Löwenzahn, Sauerampfer und die wilde Rauke, die sich seit einiger Zeit – in kultivierter Form – unter ihrem italienischen Namen Rucola wachsender Beliebtheit erfreut.

In Italien und Frankreich, wo seit jeher reichlich mit schmackhaften Kräutern gekocht wird, war man der deftigen deutschen Küche stets einen kleinen Schritt voraus. In den letzten Jahren findet mit wachsendem Ernährungsbewusstsein in der Bevölkerung auch hierzulande die leichte, mediterrane Küche immer stärkeren Anklang. Und die Lust, mit Wildkräutern leckere Gerichte zu zaubern, nimmt stetig zu. Selbstverständlich sind die Mittelmeerländer aufgrund des milden Klimas gegenüber dem wechselwarmen Deutschland begünstigt, doch Kräuter frisch auf dem Tisch sind auch hierzulande keine Rarität mehr.

Selbst auf dem Balkon kann man Rucola ziehen. Auf der Terrasse sind Löwenzahn und Sauerampfer leicht anzupflanzen und auch der eigenwillige Bärlauch findet im schattigen, feuchten Garten eine Stelle, an der er sich ausbreiten und vermehren kann. Die Brunnenkresse ist die anspruchsvollste unter den in diesem Buch behandelten Wildkräuterpflanzen. Findet man sie nicht in der Natur – an Bachläufen und in Feuchtbiotopen – kann man sie auf dem Wochenmarkt oder in gut sortierten Gemüsefachgeschäften erstehen.

Wir wünschen viel Freude und Spaß beim Sammeln in der Natur und beim Nachkochen unserer genussvollen Kräutergerichte.

Sibylle Reiter

Andrea Köslinger

Wissenswertes über die fünf Wildkräuter

Bärlauch

Im zeitigen Frühjahr beginnen in schattigen Auen und Laubwäldern die ersten grünen Bärlauchblätter zu sprießen. Zu Beginn des Wachstums ähnelt der junge Bärlauch mit seinen vorwitzig eingerollten Blattspitzen fast den grünen Zipfeln der Tulpe, die als Frühlingsboten aus dem Boden schauen. Doch das ändert sich schon bald, wenn sich die Bärlauchblätter zu 8 bis 15 Zentimeter langen saftigen, aber doch zarten Kräuterblättern entwickeln. Die Blattform wird oft mit der der giftigen Maiglöckchen verwechselt, auch die Blätter des Aaronstabs sehen zumindest im frühen Wachstumsstadium dem Bärlauch ähnlich – beide Verwechslungsmöglichkeiten kann man leicht ausschließen, indem man die Blätter zwischen den Fingern zerreibt. Steigt ein leichter Knoblauchduft in die Nase, kann man sicher sein, Bärlauch gepflückt zu haben. Der unverwechselbare Geruch räumt alle Zweifel aus.

Je nach Region kann man die Blätter bis Ende Mai ernten. Früher haben sich die Bären diese Pflanze gern einverleibt. Die Menschen glaubten, mit dem Verzehr der Blätter ähnliche Kräfte wie Bären erlangen zu können. So kam der Bärlauch (lat. *Allium ursinum*) zu seinem Namen. Manche bezeichnen ihn auch als Hexenzwiebel. Wie dem auch sei, Bärlauch ist ebenso gesund wie Knoblauch. Er gibt vielen Gerichten eine interessante Note und besitzt nebenbei noch einen Vorteil: Er gilt als „Lauch ohne Hauch" oder „Knoblauch light". Bärlauch wird nicht wie Knoblauch über die Haut ausgeschieden und ist für viele Menschen leichter verträglich als die aromatische Knolle.

Wer den Bärlauch selbst ernten möchte, ob in freier Natur oder im eigenen Garten, sollte darauf achten, die Blätter vor der Blütezeit zu schneiden, die etwa Mitte Juni beginnt. Zeigt sich die weiße, sternförmige Blütendolde, wandern die Wirkstoffe aus den Blättern in die Blüte. Die Bärlauchblätter können dann zwar noch verwendet werden, enthalten aber lange nicht mehr so viel medizinisch wertvolle Wirkstoffe. Auch können die Blätter einen leichten Bitterstoff entwickeln und sind daher nicht mehr ganz so schmackhaft.

Bärlauch wird zunehmend kultiviert. Man kann ihn als Kräuterbund bis Anfang Juni auf Wochenmärkten, in Fein- und Naturkostläden oder an Gemüseständen kaufen. Während, aber auch nach der Ernte erhält man ihn gewöhnlich im Glas als Pesto konserviert. Selbstverständlich kann man die Pflanze auch im eigenen Garten anbauen (Aussaat August/September), sofern ein schattiges, feuchtes Plätzchen vorhanden ist.

Bärlauch hat viele medizinische Vorzüge: von der anti-
bakteriellen Wirkung über die Senkung von Bluthoch-
druck bis hin zur Vorbeugung von Herz-Kreislauf-
Erkrankungen. Zwar ist die Bärlauchzeit kurz, wer sich
jedoch einen Vorrat davon anlegt (siehe dazu unser
Kapitel „Eingelegtes und Eingemachtes", S. 66–73),
muss das restliche Jahr über nicht auf das gesunde wie
wohlschmeckende Kraut verzichten.

Brunnenkresse

Die ursprüngliche echte Brunnenkresse (lat. *Nastur-
tium officinale*) war früher lediglich in Europa beheimatet. Mittlerweile findet man diese Küchenkräuter-
pflanze in nahezu allen gemäßigten Klimazonen der
Erde. Sie liebt den Standort an langsam fließenden,
klaren und vor allem sauberen Gewässern. Diese extra-
vagante Lage brachte ihr den Beinamen „Wasser- oder
Bachkresse" ein, in der Schweiz wird sie auch „weiße
Kresse" oder „Wassersenf" genannt. Die Brunnenkresse bevorzugt kühlen Schatten oder Halbschatten, bei
optimalen Bedingungen können die Stängel eine
Länge von bis zu 80 Zentimetern erreichen. Die langen Blattstängel kriechen meist niedrig am Bachufer
dahin, ihre kleinen runden, dunkelgrünen und fleischi-
gen Blättchen schmecken scharf wie Rettich. Haupt-
erntezeit in der Natur ist zwischen März und Ende
Mai. Danach beginnen, je nach Standort, die kleinen
weißen Blütchen mit vier Kelchblättern und vier kreuz-
ständigen Kronblättern zu wachsen. Man kann die

blühende Brunnenkresse zwar weiter ernten, doch das Aroma legt bis in den Herbst hinein deutlich an Schärfe zu und kann so manches Gericht „erschlagen". Möchte man das Kraut im eigenen Garten kultivieren, sollte man darauf achten, dass die Pflanze stets in einem ein Zentimeter hohen Wasserspiegel steht. Dies gelingt sowohl in der Sumpfzone eines Teichs, wenn diese durch eine Pumpe mit sauerstoffreichem Wasser versorgt wird, als auch in einer großen Schale, in die man täglich frisches Wasser schüttet.

Heimgärtner können die Kräutersamen von Frühling bis Sommer laufend auf feuchtem Boden aussäen. Die Anzucht und Vermehrung der Pflanze kann aber ebenso über Stecklinge aus der freien Natur vorgenommen werden. Die kleinen, jungen Blättchen der Brunnenkresse werden am besten frisch verzehrt, sie halten sich aber auch ein paar Tage in einem Wasserglas an einem kühlen, schattigen Ort.

Die Brunnenkresse wird seit Jahrhunderten als beliebte Heilpflanze geschätzt. Ihr hoher Vitamin- und Mineralstoffgehalt unterstützt die Blutreinigung im Körper und kann bei fieberhaften Infekten als lindernd und fiebersenkend eingesetzt werden.

Löwenzahn

Diese in ganz Europa weit verbreitete Wildkräuter-
pflanze steht hierzulande ab dem Frühjahr auf nahezu
jedem Fleckchen Grün. Manch einer lässt sich sogar
dazu hinreißen, den Löwenzahn abfällig als Unkraut
zu bezeichnen. Der wilde Wiesenlöwenzahn (lat. *Tara-
xacum officinale*) ist zwar dem kultivierten gebleichten,
hellgrünen Löwenzahn, den man vom Frühsommer an
im Obst- und Gemüsehandel erhält, geschmacklich
unterlegen – dessen Blätter enthalten weit weniger Bitterstoffe und sind aromatischer – doch auch der wilde
junge Löwenzahn kann die Frühlingsküche auf vielfäl-
tige Weise bereichern.

Im Volksmund hat der Löwenzahn viele Namen. So ist er auch als „Butterblume" oder „Kuhblume" bekannt. Wegen seiner Fallschirmsamen wird er von den Kindern als „Pusteblume" geliebt. Jedes Kind hat bestimmt schon geschaut, ob sein leergeblasener „Löwenzahn-Glatzkopf" zu den Engel- (ohne schwarze Punkte) oder zu den Bengel-Löwenzähnen (mit schwarzen Punkten auf den Blütenstempeln) gehört. Charakteristisch ist sein bis zu 30 Zentimeter hoher hohler Stängel mit den leuchtend gelben Korbblüten.

Die Pflanze liebt die pralle Sonne, gedeiht aber genauso im Halbschatten. Im Löwenzahnstängel fließt eine weiße milchige Flüssigkeit, die reich an Mineral- und Bitterstoffen ist und Eisen sowie Vitamin C enthält. Auf Kinderhänden und Kleidungsstücken hinterlässt sie leider dunkle Flecken. Möchte man der Wildpflanze einen Platz im eigenen Garten geben, sollte man mit der Aussaat bereits Anfang/Mitte Mai beginnen. Man kann sie in Reihen säen und die keimenden Pflänzchen dann später vereinzeln. Der Boden sollte stets feucht und locker gehalten werden.

Löwenzahn kann „von Kopf bis Fuß" verzehrt werden. Die leuchtend gelben Blüten sind eine beliebte Garnitur und die Wurzeln wurden in schlechten Zeiten sogar ausgegraben, im Backofen bei ca. 250 °C getrocknet, gemahlen und als Kaffee-Ersatz verwendet.

Rucola

Die ehemalige Wildrauke erlebt seit einigen Jahren in unseren Breiten einen ungeheuren Boom. Gerade im Sommer nimmt man kaum eine Speisekarte zur Hand, auf der die Rauke nicht in einem Salat, als Begleitung zu einem Pastagericht oder einem raffinierten Zwischengang verarbeitet zu finden ist.

Die bei uns bekannteste Art (lat. *Eruca sativa*) ist die mittlerweile kultivierte Salatrauke. Man kennt sie vor allem unter dem Namen Rucola. Aus der italienischen Küche ist diese Kräuterpflanze schon seit Jahrzehnten nicht mehr wegzudenken. Man findet auch neue Züchtungen der ehemals wilden Rauke, den so genannten kultivierten Feld-Rucola. Diese Sorte hat allerdings nicht mehr den typisch gezackten Rand um die schmalen dunkelgrünen Blätter, sondern sie sieht eher wie junger Feldsalat aus. Die Blättchen sind hellgrün, rund und sehr zart. Geschmacklich erkennt man sofort das typische Rucola-Aroma, nur nicht ganz so kräftig ausgeprägt. Diese besondere Züchtung sollte möglichst am Kauftag verarbeitet werden, am besten zu Salat, da sie nicht so robust ist wie die wilde Rauke.

Ursprünglich war die Rauke in allen Mittelmeerländern beheimatet. Sie gehört zur Familie der Kreuzblütler, fällt durch schnelles, üppiges Wachstum auf und wird in der Regel bis zu 20 Zentimeter hoch. Sie verleiht vor allem Salaten und vielen anderen mediterranen Gerichten eine scharfe, nussige Note.

Rucola lässt sich problemlos auf der Fensterbank, im Blumenkasten auf dem Balkon und im Gemüsebeet anpflanzen. Schnecken mögen den Rucola nicht – ein weiteres Argument für die Anpflanzung im heimischen Garten. Auch der Standort ist ganz und gar unkompliziert, da Rucola sowohl in der Sonne als auch im Schatten oder Halbschatten gedeiht. Der Boden sollte nährstoffreich sein, denken Sie also bei der Pflanzung im Balkonkasten daran, die Pflänzchen hin und wieder zu düngen. Der Kräutersamen kann ab dem Frühjahr direkt ins Freiland oder im Kasten auf der Fensterbank ausgesät werden. Wenn man über den Luxus eines eigenen Gemüsebeets verfügt, wächst Rucola am liebsten in Gesellschaft von Salatköpfen, auch Tomaten sind dicke Freunde der mittlerweile gezähmten Kräuterpflanze. Die direkte Nachbarschaft von Kohlgemüse dagegen straft sie mit kümmerlichem Wachstum.

Rucola ist reich an Vitamin C sowie Senfölen und wird aus diesem Grund auch von vielen Gesundheits- und Fitnessaposteln bereits in den morgendlichen Vitamintrunk gemixt.

Sauerampfer

Fast jedes Kind, das auf dem Land aufwächst, kennt Sauerampfer. Er wächst auf der Wiese genauso hoch wie die Gräser und fällt ob seiner charakteristischen Blattform sofort ins Auge: Seine Form ist unverkennbar. An einem langen dünnen, aber kräftigen Stängel wächst ein lanzenförmiges, spitz zulaufendes zartes Blatt. Der gewöhnliche Sauerampfer (lat. *Rumex spp.*), der in ganz Europa beheimatet ist, liebt feuchten Boden und humusreiche Wiesen. Man findet ihn an Feldrainen, Böschungen, auf saftigen Kuhwiesen und am Waldrand. Sauerampfer ist kein „Sonnenanbeter", er wächst und gedeiht auch in freier Wildbahn im Halbschatten. In der Natur entwickelt der Sauerampfer kräftigeres Blattwerk als in kultivierter Form, auch werden die nachwachsenden, kleinen Blättchen gegen Ende der Sommermonate etwas rötlich. In diesem Stadium beginnt die Pflanze Bitterstoffe anzureichern und ist deshalb nicht mehr so aromatisch. Genaugenommen ist übrigens Sauerampfer dem Namen nach gleich doppelt sauer: Denn „ampfer" ist vom schwedischen oder niederländischen „amper" = sauer abgeleitet.

Der Sauerampfer ist wegen seines hohen Anteils an Vitamin C und Eisen sehr gesund. Gerbstoffe und Oxalsäure verleihen ihm den leicht säuerlichen Geschmack. Sebastian Kneipp pries seine appetitanregende, blutreinigende und harntreibende Wirkung.

Kulinarisch sind die jungen, zarten Blättchen besonders beliebt. Sie haben sowohl roh als auch gedünstet (in Suppen und Saucen) ihre Fangemeinde. Doch auch als Gemüse oder in Verbindung mit Spinat ist Sauerampfer eine feine Beilage.

Sauerampfer lässt sich nur frisch verwenden. Wer nicht die Möglichkeit hat, die Kräuterpflanze in ihrer natürlichen Umgebung zu sammeln, kann sie auch im eigene Garten kultivieren. Mit der Aussaat kann bereits im Frühling begonnen werden. Säen Sie die Kräuterpflanze im Topf oder im Kasten nicht zu dicht, dann kann sie sich gut entwickeln und ausbreiten. Der Sauerampfer beginnt, schnell und üppig zu wachsen, wenn Sie ihn stets gut mit Wasser versorgen. Sowohl im Blumenkasten als auch im Freiland muss er kräftig gegossen werden. Selbstverständlich kann man Sauerampfer auch in jeder Gärtnerei oder in Blumenläden kaufen, wenn's einmal schnell gehen soll.

Suppen

Aufgeschäumte Bärlauchsuppe

4–5 mittelgroße Kartoffeln,
1 kleine Zwiebel, 3 TL Butter, 1 l Gemüsebrühe,
1 Bund frischer Bärlauch oder ersatzweise
4 EL Bärlauch in Öl (Rezept S. 67),
200 ml Sahne, Salz, frisch gemahlener
weißer Pfeffer, frisch geriebene Muskatnuss

Kartoffeln und Zwiebel schälen und in kleine Würfel
schneiden. In einem größeren Topf die Butter erhitzen
und beides darin andünsten, mit der Brühe aufgießen.
Bei mittlerer Hitze 20 Minuten köcheln lassen.
Inzwischen die Bärlauchblätter abbrausen, trockentupfen und grobe Stiele entfernen. Für die Garnitur 2 Blätter in sehr feine Streifen schneiden und beiseite legen,
den Rest grob klein schneiden und zur Suppe geben.
Die Sahne steif schlagen. Zur Suppe geben und diese
schaumig aufschlagen, mit Salz, Pfeffer sowie Muskat
würzen und pürieren. In vorgewärmte Suppenschalen
füllen und mit den Bärlauchstreifen garnieren.

Brunnenkresse-Suppe mit Lachsrauten

1 mittelgroße Zwiebel, 300 g Kartoffeln,
1 EL Butter, 1/2 l Hühnerbrühe, 150 ml Milch,
150 g Brunnenkresse, 80 ml Sahne,
Salz, frisch gemahlener schwarzer Pfeffer,
frisch geriebene Muskatnuss,
1 große Scheibe Räucherlachs

Die Zwiebel schälen und in feine Würfel schneiden.
Kartoffeln schälen und würfeln. In einem großen Topf
die Butter zerlassen und die Zwiebelwürfel darin andünsten. Kartoffeln zugeben und kurz mitdünsten.
Hühnerbrühe und Milch angießen, kurz aufkochen lassen und bei mittlerer bis geringer Hitze 15–20 Minuten im geschlossenen Topf garen, danach sollten die
Kartoffeln weich sein.
Brunnenkresse abbrausen, trockentupfen, Blätter von
den Stielen zupfen, einige für die Garnitur beiseite
legen, die übrigen zur Suppe zugeben. 1 Minute mitköcheln lassen. Die Suppe leicht pürieren, die Sahne
zugeben, mit Salz, Pfeffer und Muskat würzen. Räucherlachs in kleine Rauten schneiden. Die Suppe in
vorgewärmte Teller verteilen und mit den Lachsrauten
und den zurückbehaltenen Brunnenkresseblättchen
garnieren. Sofort servieren.

Bärlauch-Brokkoli-Suppe mit Parmesan

1 mittelgroße milde Zwiebel,
1 Knoblauchzehe, 300 g Brokkoli,
1 Bund Bärlauch oder ersatzweise 5 EL Bärlauch
in Öl (Rezept S. 67), 5 EL Olivenöl,
2 EL Mehl, 1 l klare Gemüsebrühe,
200 ml Sahne, 80 g Parmesan,
1 EL Dijonsenf, Salz,
frisch gemahlener weißer Pfeffer,
frisch geriebene Muskatnuss, 50 ml Madeira,
1 Hand voll kleine Gänseblümchen

Zwiebel und Knoblauch schälen und sehr fein würfeln.
Den Brokkoli in Röschen teilen. Den Bärlauch abbrausen und die längeren Stiele abschneiden. Für die Garnitur 2 Blätter in sehr feine Streifen, den Rest in grobe
Streifen schneiden.
In einem großen Topf das Olivenöl erhitzen, Zwiebeln
und Knoblauch darin andünsten. Mehl durch ein feines Sieb darüber stäuben und unter ständigem Rühren mit Brühe und Sahne aufgießen. Brokkoliröschen
und grobe Bärlauchstreifen zugeben. Parmesan fein
reiben, drei Viertel davon zusammen mit dem Senf zur
Suppe geben und gut unterrühren, mit Salz, Pfeffer
und Muskat würzen. 10 Minuten köcheln lassen. Die
Suppe im Mixer pürieren. Den Madeira unterrühren.
Die Suppe in vorgewärmte Teller verteilen. Mit den Bärlauchstreifen garnieren und mit dem restlichen Parmesan bestreuen. Mit den gewaschenen Gänseblümchen
garnieren und sofort servieren.

Frühlingshafte Wildkräutersuppe

100 g Bärlauch, 50 g Brunnenkresse,
100 g Rucola, 100 g Löwenzahn,
100 g Sauerampfer, 100 g Brennnesseln,
30 g Petersilie, 150 g Lauch,
1 Petersilienwurzel, 1 kleine Knolle Sellerie
(ca. 70 g), 2 EL Wildkräuteröl (Rezept S. 71),
20 g Butter, 1 l Gemüsebrühe,
frisch gemahlener schwarzer
Pfeffer, frisch geriebene Muskatnuss,
200 g Crème fraîche

Die Kräuter gut abbrausen, trockenschleudern, von
groben Stielen befreien und in feine Streifen schneiden. Lauch, Petersilienwurzel und Knollensellerie putzen und in kleine Stücke schneiden.
In einem Topf das Wildkräuteröl mit der Butter erhitzen und das Wurzelgemüse darin andünsten. Mit der
Brühe ablöschen, die Kräuter zugeben und die Suppe
mit Pfeffer sowie Muskat würzen. Mit dem Mixstab
pürieren. Crème fraîche in die Suppe einrühren und
diese sofort servieren.

 Diese Suppe sieht besonders frühlingshaft aus,
wenn sie mit essbaren Löwenzahn- oder Gänse-
blümchen-Blüten dekoriert wird. Sie können auch
Moosflechten aus dem Wald mitnehmen und die
Suppe anstatt auf einem Platzteller auf einem
Moosbett servieren. Die Suppe schmeckt in diesem Ambiente bestimmt noch mal so gut!

Sauerampfersüppchen

100 g Sauerampfer, 80 g zimmerwarme Butter,
2–3 Kartoffeln, 1 l Geflügelfond, 400 ml Sahne,
Salz, frisch gemahlener weißer Pfeffer,
50 ml Weißwein

Den Sauerampfer abbrausen, trockentupfen und von
den Stielen befreien. Einige Blättchen für die Garnitur
in sehr feine Streifen schneiden und beiseite legen, die
restlichen Blätter klein schneiden.
In einer Schüssel ein Drittel der zerkleinerten Blätter
mit 60 Gramm Butter vermischen, abdecken und kurz
in das Eisfach stellen.
Inzwischen die Kartoffeln schälen und würfeln. Die
restliche Butter in einem großen Topf erhitzen und die
Kartoffelwürfel darin andünsten. Geflügelfond und
Sahne angießen, aufkochen und bei geringer Hitze
etwa 20 Minuten köcheln lassen.
Die restlichen Sauerampferblätter zur Suppe geben
und alles im Mixer pürieren. Durch ein Sieb passieren
und mit Salz und Pfeffer würzen. Den Weißwein angießen und die Suppe nochmals erwärmen. Kurz vor dem
Servieren die eisgekühlte Butter mit dem Mixstab
unterschlagen. Die Suppe mit den Sauerampferstreif-
chen garnieren und sofort servieren.

Rucola-Kartoffel-Suppe aus Apulien

200 g Kartoffeln, 1 l Gemüsebrühe,
200 g Rucola, Salz,
frisch gemahlener schwarzer Pfeffer,
4–5 Scheiben Weißbrot vom Vortag,
2 Knoblauchzehen, 50 ml Olivenöl,
1 kleine getrocknete Chilischote,
50 ml trockener Weißwein

Die Kartoffeln schälen und vierteln. Die Gemüsebrühe
in einem Topf zum Kochen bringen, die Kartoffeln einlegen und in 15–20 Minuten weich kochen.
Inzwischen den Rucola abbrausen, trockentupfen, von
groben Stielen befreien, klein schneiden und zur Suppe geben. Weiterköcheln lassen, bis die Kartoffeln zer-
fallen, salzen und pfeffern. Weißbrotscheiben zugeben
und unter Rühren 2 Minuten mitköcheln lassen.
Den Knoblauch schälen. Olivenöl in einer Pfanne erhitzen, Knoblauch hineinpressen und mit der Chilischote
darin andünsten. Chilischote herausnehmen, Öl und
Knoblauch zur Suppe geben und unterrühren. Weißwein angießen, alles gut durchrühren und die Suppe
sofort servieren.

 Sie können die Suppe nach Belieben
auch leicht pürieren.

Möhren-Tomaten-Suppe mit Brunnenkresse und Pinienkernen

1 1/2 kg Möhren, 2 mittelgroße Zwiebeln,
6 EL Olivenöl, 1 l Gemüsebrühe,
1/4 l Möhrensaft, 1 große Dose geschälte
Tomaten, Salz, frisch gemahlener Pfeffer,
30 g Brunnenkresse, 100 g Cocktailtomaten,
50–60 g Pinienkerne

Die Möhren putzen und in 1 Zentimeter große Stücke
schneiden. Zwiebeln schälen und fein würfeln. 4 Esslöffel Olivenöl in einem Topf erhitzen, Möhren sowie
Zwiebeln darin andünsten. Brühe, Möhrensaft und
geschälte Tomaten samt dem Saft dazugeben, salzen
und pfeffern. Zugedeckt bei mittlerer Hitze 30 Minuten
köcheln lassen.
Inzwischen die Brunnenkresse abbrausen, trockentupfen und von den Stielen zupfen. Die Cocktailtomaten abbrausen und halbieren. Pinienkerne im restlichen Olivenöl anrösten.
Drei Viertel der Brunnenkresse zur Suppe geben und
diese mit dem Mixstab pürieren. Nochmals aufkochen
und auf vorgewärmte Teller verteilen. Mit den Cocktailtomaten und der restlichen Brunnenkresse garnieren. Pinienkerne darüber streuen und sofort servieren.

Kürbis-Maronen-Suppe mit Kresse und Sprossen

500 g Esskastanien (Maronen),
500 g Kürbis (Hokkaido),
30 g Brunnenkresse, 50 g Rucola,
60 g Alfalfa-Sprossen (aus dem Supermarkt),
200 ml Sahne, 80 g brauner Zucker,
50 g Butter, 1,5 l Gemüsebrühe,
Salz, frisch gemahlener weißer Pfeffer,
50 ml Portwein, 50 ml Madeira,
1 Hand voll Kürbiskerne

Eine feuerfeste Form mit heißem Wasser in den Backofen stellen und den Ofen auf 160 °C vorheizen. Esskastanien kreuzförmig einritzen, auf ein Backblech
legen und 15–20 Minuten im Ofen rösten, danach sollten sie aufgeplatzt sein. Noch heiß schälen.
Den Kürbis schälen, Fasern und Kerne entfernen und
das Fruchtfleisch würfeln. Brunnenkresse und Rucola
abbrausen, trockentupfen, Kresseblättchen von den

Stielen zupfen, Rucola von groben Stielen befreien und
beides in sehr feine Streifen schneiden. Die Sprossen
abbrausen und trockenschleudern. Sahne schlagen
und kalt stellen.

Die Kastanien in einem großen Topf mit Zucker bestreuen und mit der Butter karamellisieren lassen. Kürbis dazugeben und mit der Brühe aufgießen. Bei mittlerer Hitze 20 Minuten unter gelegentlichem Rühren
köcheln lassen. Die Suppe mit Salz und Pfeffer würzen
und pürieren. Portwein und Madeira zugeben, Kräuter
und Sahne unterrühren. Die Suppe in vorgewärmte
Teller verteilen. Reichlich mit Kürbiskernen und Sprossen bestreuen und sofort servieren.

Salate

Lauwarmer Wildkräutersalat mit Pinienkernen

4 EL Olivenöl (extra vergine),
4 EL Aceto Balsamico, 1 EL Honig,
Salz, frisch gemahlener weißer Pfeffer,
1 milde weiße Zwiebel, 1 rote Zwiebel,
100 g Parmesan, 125 g Rucola,
125 g Sauerampfer, 150 g durchwachsener
Speck, 100 g Pinienkerne

Aus Olivenöl, Aceto Balsamico, Honig, Salz und Pfeffer ein Dressing herstellen und zugedeckt im Kühlschrank ziehen lassen.

Inzwischen die Zwiebeln schälen und in Achtel schneiden. Parmesan mit dem Kartoffel- oder Spargelschäler in grobe Späne hobeln. Den Rucola und den Sauerampfer abbrausen, trockenschleudern, von langen Stielen befreien und in eine große Schüssel geben.

Den Speck grob würfeln und in einer gusseisernen Pfanne knusprig ausbraten, herausnehmen. Zwiebeln und Pinienkerne im verbliebenen Fett ca. 5 Minuten anbraten, leicht salzen. Den Speck zurück in die Pfanne geben und alles gut vermischen. Speck-Zwiebel-Pinienkern-Mischung und Dressing zu den Kräutern geben und gründlich vermengen. Den Salat auf Tellern anrichten, mit dem Parmesan garnieren und sofort servieren.

 Geht ganz schnell, ist gut vorzubereiten und stets eine gelungene Vorspeise.

Panzanella mit Bärlauch

8 Scheiben Bauernbrot, 15 Cocktailtomaten,
1 große Zwiebel, 30 g Bärlauchblätter,
100 g entsteinte Oliven,
7 EL Olivenöl (extra vergine), 2 EL Weißweinessig,
Salz, frisch gemahlener schwarzer Pfeffer

Das Brot würfeln, 5 Minuten in kaltem Wasser ein-
weichen, ausdrücken und in eine Schüssel geben.
Tomaten halbieren und vom Stielansatz befreien, die
Zwiebel schälen und fein würfeln. Bärlauch abbrausen,
trockentupfen und von groben Stielen befreien. Alles
mit den Oliven zum Brot in die Schüssel geben. Olivenöl, Essig, Salz und Pfeffer verrühren, dazugeben
und vorsichtig vermischen. Vor dem Servieren mindestens 2 Stunden zugedeckt durchziehen lassen.

Löwenzahnsalat mit
Minze-Honig-Dressing

200 g Löwenzahn, 3–4 Zweige Minze,
60 g Parmesan, 6 EL Olivenöl (extra vergine),
5 EL Aceto Balsamico, Saft von 1/2 Zitrone,
1 EL Ahornsirup, 1 TL mittelscharfer Senf, 2 EL Honig,
4 EL Joghurt, Salz, frisch gemahlener weißer Pfeffer

Löwenzahn und Minze abbrausen und trockentupfen.
Vom Löwenzahn grobe Stiele entfernen, Minzeblättchen von den Zweigen zupfen, ca. 20 Blättchen für die

Garnitur beiseite legen, die übrigen sehr fein hacken. Den Parmesan mit dem Kartoffel- oder Sparschäler in dünne Späne hobeln. Aus Olivenöl, Aceto Balsamico, Zitronensaft, Ahornsirup, Senf, Honig, Joghurt und fein gehackter Minze eine sämige Salatsauce herstellen. Mit Salz und Pfeffer würzen. Die Löwenzahnblätter auf Tellern anrichten, mit dem Dressing beträufeln und mit Parmesan und Minzeblättchen garnieren.

Sommersalat
mit frischen Feigen und Rucola

1 Zitrone, 6 EL Olivenöl (extra vergine),
5 EL Aceto Balsamico, 2 EL Ahornsirup, Salz,
frisch gemahlener schwarzer Pfeffer,
8–10 frische Feigen, 2 Kugeln Mozzarella,
150 g Rucola, 8–10 Scheiben San Daniele
oder Serrano-Schinken

Die Zitrone halbieren und auspressen. Aus Zitronensaft, Öl, Essig, Sirup, Salz und Pfeffer ein Dressing herstellen und einige Minuten durchziehen lassen.
Die Feigen von den Stielansätzen befreien, abbrausen, trockentupfen und kreuzweise bis fast zum Boden einschneiden. Mozzarella grob würfeln. Rucola abbrausen, trockentupfen und von längeren Stielen befreien. Die Feigen wie Blüten leicht öffnen und jeweils mit San Daniele oder Serrano-Schinken umwickeln. Mit Mozzarella und Rucola auf einer großen Salatplatte anrichten und mit dem Dressing beträufeln.

Rucolasalat mit Käse-Rosetten

1 Frühlingszwiebel, 1 Knoblauchzehe,
2 Bund Rucola, 6 EL Olivenöl (extra vergine),
5 EL Weißweinessig, 2 TL Ahornsirup,
Salz, frisch gemahlener Pfeffer, 1 EL Butter,
1 Hand voll Sonnenblumenkerne, 1/2 Tête de Moine
Außerdem: 1 Girolle (spezieller Käsehobel
für den Tête de Moine)

Die Frühlingszwiebel putzen und in feine Ringe schneiden. Den Knoblauch schälen und sehr fein würfeln.
Rucola abbrausen, trockenschleudern und von groben
Stielen befreien.
Olivenöl, Essig, Frühlingszwiebel und Knoblauch in
einer Schüssel verrühren. Ahornsirup gut unterrühren
und mit Salz und Pfeffer würzen. Den Rucola mit den
Händen vorsichtig untermischen und den Salat in Sup-
pentellern anrichten.
Butter in der Pfanne zerlassen und die Sonnenblumenkerne darin anrösten. Warm über den Salat streuen. Mit
der Girolle vom Tête de Moine pro Portion 3–4 Käse-
Rosetten abhobeln und auf den Salat setzen.

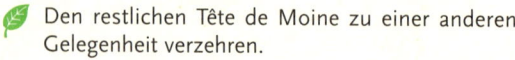 Den restlichen Tête de Moine zu einer anderen
Gelegenheit verzehren.

Man kann den Salat im Sommer auch mit gelben
und orangen Ringelblumenblüten dekorieren. Sie
schmecken lecker und geben dem Salat ein fröh-
liches „Outfit“.

Kartoffelsalat mit Brunnenkresse

1 kg fest kochende Kartoffeln,
1 mittelgroße Zwiebel, ca. 80 g Brunnenkresse,
125 ml Gemüsebrühe, 2 EL Weißweinessig,
100 g Mayonnaise, 1 TL Flüssigwürze (z.B. Maggi),
1 TL getrockneter Dill, Salz,
frisch gemahlener schwarzer Pfeffer

Die Kartoffeln in der Schale kochen, abkühlen lassen,
pellen und in dünne Scheiben schneiden. Die Zwiebel
schälen und fein würfeln. Brunnenkresse abbrausen,
trockentupfen und die Blättchen von den Stielen zupfen. Brühe mit Essig und Mayonnaise verrühren, mit
Flüssigwürze, Dill, Salz und Pfeffer würzen.
Das Dressing über die noch warmen Kartoffeln geben.
Zwei Drittel der Brunnenkresse unterheben und den
Salat mit den restlichen Blättchen garnieren.

Außergewöhnliche Vorspeisen und Aperitifs

Lasagnetti mit Rucolapesto

250 g vorgekochte Lasagneblätter,
120 g Rucolapesto mit Pinienkernen
und Pecorino (Rezept S. 68),
50 g geriebener Parmesan,
Butterflöckchen
Für die Béchamelsauce: 40 g Butter,
2 EL Mehl, 1/4 l Milch,
Salz, frisch gemahlener weißer Pfeffer
Außerdem: Butter für die Form

Für die Béchamelsauce die Butter in einem kleinen Topf zerlassen, Mehl darüber stäuben und unter Rühren anschwitzen. Sobald die Mischung leicht zu schäumen beginnt, die Milch unter ständigem Rühren nach und nach zugießen. Zugedeckt 10 Minuten bei geringer Hitze köcheln lassen. Salzen, pfeffern und beiseite stellen.
Den Backofen auf 160 °C vorheizen. Eine Auflaufform ausfetten und mit einem Lasagneblatt auslegen. Eine dünne Schicht Rucolapesto darauf verstreichen, darüber etwas Béchamel verteilen. Mit etwas Parmesan bestreuen. So fortfahren, bis alle Zutaten aufgebraucht sind. Béchamelsauce und Parmesan sollten den Abschluss bilden. Darauf die Butterflöckchen verteilen. Die Lasagnetti auf der mittleren Schiene des Backofens etwa 30 Minuten backen. In 4 Portionen teilen und servieren.

Bärlauchroulade mit Lachs auf Feldsalat

Für die Bärlauchroulade:
6 Blatt Gelatine, 65 ml Sahne,
1 1/2 Bund Bärlauch oder ersatzweise
3 EL Bärlauch in Öl (Rezept S. 67),
400 g Frischkäse, Salz, frisch gemahlener
Pfeffer, Saft von 1/2 Zitrone,
4–5 Scheiben Räucherlachs
Für den Feldsalat: 100 g Feldsalat,
2 EL Olivenöl, 2 TL Aceto Balsamico,
Salz, frisch gemahlener schwarzer
Pfeffer, 1 TL Honig
Außerdem: Gundermann-Blütenstängel
oder Gänseblümchen für die Garnitur

Für die Bärlauchroulade die Gelatine nach Packungs-
vorschrift quellen lassen. Dann mit der Sahne in einem kleinen Topf vorsichtig erwärmen und vollständig
auflösen. Den Bärlauch abbrausen, trockentupfen und
die groben Stiele entfernen. Die kleineren Blätter in
feine Streifen schneiden, die größeren zum Einrollen
beiseite legen.
In einer Schüssel den Frischkäse und die Sahnemasse
geschmeidig rühren, die Bärlauchstreifen zugeben, mit
Salz, Pfeffer und Zitronensaft würzen.
50 Zentimeter Klarsichtfolie auf einer Arbeitsfläche auslegen, zuerst mit Räucherlachs, dann mit den größeren
Bärlauchblättern belegen. Frischkäse-Sahne-Masse darauf verstreichen und alles zu einer straffen Roulade
aufrollen. 4–6 Stunden im Kühlschrank ruhen lassen.

Inzwischen den Feldsalat putzen, gründlich waschen und trockenschleudern. Aus Olivenöl, Aceto Balsamico, Salz, Pfeffer und Honig ein sämiges Dressing herstellen und mit dem Feldsalat vermischen. Den Salat auf Teller verteilen. Die Roulade mit einem scharfen Messer in Scheiben schneiden und auf dem Feldsalat anrichten. Mit violetten Gundermann-Blütenstängeln oder Gänseblümchen dekorieren und mit Baguette oder Ciabatta servieren.

Alternativ dazu können Sie die Rouladen-Zutaten in eine Terrinenform schichten und nach dem Erstarren stürzen.

Besonders exakt lässt sich die Roulade mit einem Elektromesser schneiden. Aber auch ein scharfes Haushaltsmesser, das man zwischendurch in heißes Wasser taucht, erfüllt seinen Zweck.

Löwenzahnsoufflé

6 Frühlingszwiebeln, 800 g Löwenzahn,
80 g Brunnenkresse, 100 g Bärlauch, Salz,
4 Eier, 1 unbehandelte Zitrone, 50 g Parmesan,
2 EL Wildkräuteröl (Rezept S. 71), 20 g Butter,
4 EL Mehl, 100 ml Milch, frisch gemahlener
schwarzer Pfeffer, frisch geriebene Muskatnuss,
Außerdem: 4–6 Souffléförmchen von
6 cm Durchmesser (oder Espressotassen)
Butter zum Ausfetten

Frühlingszwiebeln putzen und in feine Ringe schneiden. Die Wildkräuter abbrausen, trockenschleudern
und von den Stielen befreien. Löwenzahn in kochen-
dem Salzwasser blanchieren und abtropfen lassen.
Die übrigen Kräuter in sehr feine Streifen schneiden.
Die Eier trennen, Eiweiße steif schlagen und kühl stellen. Zitrone heiß abbrausen, mit einer feinen Reibe die
Schale rundherum abreiben, die Frucht halbieren und
auspressen. Parmesan fein reiben.
Öl in einer Pfanne erhitzen und die Zwiebeln darin
andünsten, Löwenzahn und die Hälfte der übrigen
Kräuter hinzufügen, den Rest für die Garnitur beiseite
legen. Mit Zitronensaft würzen, abkühlen lassen.
Die Butter in einem Topf zerlassen, das Mehl einstreu-
en und kurz mitschwitzen. Nach und nach mit der
Milch glatt rühren und 10 Minuten köcheln lassen.
Mit Salz, Pfeffer und Muskat würzen. Vom Herd nehmen und den Parmesan einrühren. Leicht abkühlen lassen, dann die Eigelbe, die Frühlingszwiebel-Kräuter-

Mischung und die abgeriebene Zitronenschale unterrühren. Die Soufflémasse nochmals abschmecken. Backofen auf 180 °C vorheizen und die Förmchen (oder Espressotassen) ausfetten. Eischnee unter die Kräutermasse heben. Förmchen zur Hälfte damit füllen. 25 Minuten im Ofen garen, ohne ihn dabei zu öffnen. Mit den restlichen Kräutern bestreuen und sofort servieren.

 Öffnen Sie auf keinen Fall die Backofentür – wenn das Soufflé Zugluft bekommt, ist es „perdu".

Frittierte Kräuter-Mozzarella-Bällchen

1/2 Rezept selbst gemachter
Bärlauch-Mozzarella (Rezept S. 72),
100 g Rucola, 100 g Löwenzahnblätter,
2 Hände voll Basilikumblättchen, 1 Ei,
5 EL Semmelbrösel, 1 EL Mehl, 150 ml Olivenöl

Den Mozzarella nach Rezept herstellen. Die Kräuter waschen, trockenschleudern, Blättchen von den Stielen zupfen und klein hacken. Sobald die Käsemasse fest zu werden beginnt, die Kräuter untermischen und den Käseteig zu kleinen Bällchen formen. Ei, Brösel und Mehl in tiefe Teller verteilen. Die Käse-Kräuter-Kugeln nacheinander darin wenden. Die Bällchen in dem erhitzten Olivenöl rundherum goldbraun frittieren.

 Als Fingerfood mit Zwiebeldip, Avocado-, Curry-, oder Tomatendip reichen.

Vitello tonnato mit Waldkapern

500–600 g Kalbsnuss,
1 Flasche trockener Weißwein
Für die Marinade:
1 mittelgroße milde weiße Zwiebel,
1 Stange Sellerie, 2 kleine Möhren,
2 Lorbeerblätter, 2 Gewürznelken, Salz
Für die Thunfischsauce: 3 Sardellenfilets,
150 g Thunfisch natur (aus der Dose),
1 unbehandelte Zitrone, 2 Eigelb,
3 EL Waldkapern (Rezept S. 70,
ersatzweise 3 EL herkömmliche Kapern),
2 EL Weißweinessig, 200 ml Olivenöl,
Salz, frisch gemahlener schwarzer Pfeffer

Am Vortag die Kalbsnuss waschen, trockentupfen, in einem mittelgroßen Topf mit dem Weißwein übergießen und 30 Minuten darin ziehen lassen.
Für die Marinade die Zwiebel schälen und vierteln. Stangensellerie und Möhren putzen und in mittelgroße Stücke schneiden. Zwiebel, Sellerie und Möhren zum Fleisch geben. Lorbeerblätter und Nelken zufügen und das Fleisch zugedeckt 24 Stunden ziehen lassen. Die Kalbsnuss dabei morgens und abends in der Marinade wenden.
Am nächsten Tag, falls das Fleisch nicht vollständig von der Marinade bedeckt ist, entsprechend viel Wasser zugießen, salzen. Zum Kochen bringen und 1 Stunde bei mittlerer Hitze garen. Vom Herd nehmen und das Fleisch im Sud abkühlen lassen.

Inzwischen für die Thunfischsauce die Sardellenfilets waschen und trockentupfen, Thunfisch abtropfen lassen. Zitrone heiß abbrausen, mit einer feinen Reibe die Schale rundherum abreiben, kühl stellen. Die Frucht halbieren und auspressen. Sardellen, Thunfisch, Zitronensaft, Eigelbe und 2 Esslöffel Waldkapern im Mixer pürieren. Essig und Olivenöl dazugießen und untermixen. So viel Kalbsbrühe angießen, dass die Sauce eine cremige Konsistenz erhält, salzen und pfeffern.

Die Kalbsnuss (am besten mit einer Schneidemaschine) in sehr dünne Scheiben schneiden, auf einer flachen Platte anrichten und die Thunfischsauce darauf verteilen. Zugedeckt 3–4 Stunden im Kühlschrank ziehen lassen. Vor dem Servieren die restlichen Kapern und die Zitronenschale darüber streuen.

Sauerampfer-Melonen-Bowle

1 Hand voll Sauerampferblätter,
1 saftige reife Galia-Melone, 1 Ogen-Melone,
1 Flasche trockener Weißwein, 2 Flaschen Prosecco,
1 Flasche Mineralwasser, 20–30 Eiswürfel

Den Sauerampfer abbrausen, von den langen Stielen befreien, trockentupfen und in grobe Streifen schneiden. Die Melonen halbieren und die Kerne herausschaben. Mit dem Kugelausstecher Bällchen aus dem Fruchtfleisch herauslösen, dabei den Saft auffangen. Die Sauerampferstreifen in ein großes Bowlengefäß geben, mit Wein übergießen und 20 Minuten ziehen lassen. Melonenkugeln und Saft dazugeben. Mit Prosecco und Mineralwasser aufgießen. Die Eiswürfel kurz vor dem Servieren hinzufügen.

 Sie können kleine Gänseblümchen als Dekoration in der Bowle schwimmen lassen oder sie mit tiefroten Rosenblättern zu einem ganz besonderen Blickfang machen. Geben Sie die Blüten erst kurz vor dem Servieren dazu.

Löwenzahnsekt

1 große Schüssel voll Löwenzahnblüten,
2 1/2 l abgekochtes Wasser,
1 EL Zitronensäure, 1 1/2 kg Zucker,
10 g frische Hefe

Die Löwenzahnblüten abbrausen, abtropfen lassen und
die grünen Kelche von den Blüten entfernen. Die gelben Blüten in einen großen Topf geben. Das Wasser in
einem separaten Topf aufkochen, die Zitronensäure gut
darin auflösen, die Blüten damit übergießen und alles
zusammen 30 Minuten köcheln lassen. Den Löwen-
zahnsud durch ein mit einem sauberen Küchentuch
ausgelegtes Sieb oder einen Kaffeefilter seihen und mit
dem Zucker verrühren.
Die Hefe mit etwas Wasser auflösen und zur Flüssigkeit geben. In einem Topf 1 Woche lang gären lassen,
danach durch einen Kaffeefilter in ein großes sauberes
Gefäß umfüllen. Anschließend in dunkle, heiß aus-
gespülte Prosecco-Flaschen abfüllen. Verkorken und
verdrahten und am besten liegend im kühlen Keller
lagern. Nach ca. 2 Monaten ist der Löwenzahnsekt
genießbar und bestimmt der Renner.

 Bitte öffnen Sie diesen Sekt sehr vorsichtig, denn
er schäumt leicht über.

Vegetarische Hauptgerichte

Weißer Spargel im grünen Bett

1 1/2–2 kg weißer Spargel,
150 g Butter, 1 EL Honig, Salz,
100 g Parmesan, 1/2 Bund Bärlauch,
frisch gemahlener Pfeffer

Spargel waschen, schälen und die holzigen Enden entfernen. In einem Topf reichlich Wasser mit 25 Gramm
Butter, Honig und 1 Prise Salz zum Kochen bringen,
den Spargel einlegen und darin in 15–20 Minuten bissfest garen. Herausnehmen und abtropfen lassen.
Inzwischen den Parmesan mit dem Kartoffel- oder
Sparschäler dünn hobeln. Bärlauch abbrausen, trockentupfen, von den groben Stielen befreien und sehr
fein schneiden. Die übrige Butter in einem kleinen Topf
erhitzen und den Bärlauch darin kurz andünsten, mit
Salz und Pfeffer würzen.
Den Spargel auf einer Platte anrichten, mit der Bär-
lauchbutter übergießen, mit dem Parmesan bestreuen
und sofort servieren.

Tagliatelle mit Löwenzahnknospen und frischen Champignons

3 Schalotten, 150 g Speck,
300 g Löwenzahnknospen, 1 kleiner Zweig
Rosmarin, 500 g braune Champignons,
50 g Parmesan, 500 g Tagliatelle,
30 g Butter, 200 ml Sahne,
1 EL Bärlauchpesto mit Schafskäse
(Rezept S. 67), 125 g Crème fraîche,
Salz, frisch gemahlener Pfeffer

Schalotten schälen und fein würfeln. Speck ebenfalls in Würfel schneiden. Löwenzahnknospen und Rosmarin abbrausen, trockentupfen, die Rosmarinnadeln vom Zweig zupfen. Pilze mit dem Küchentuch abreiben, putzen und vierteln. Parmesan mit dem Kartoffel- oder Sparschäler in dünne Späne hobeln.
Nudeln nach Packungsanleitung bissfest garen, abgießen, abtropfen lassen und warm halten. Schalotten, Speck und Knospen in der Butter andünsten. Rosmarin zugeben, Sahne und Bärlauchpesto einrühren. Die Pilze zugeben und 5 Minuten bei mittlerer Hitze köcheln lassen. Crème fraîche unterrühren, mit Salz und Pfeffer würzen. Die Tagliatelle auf vorgewärmten Tellern anrichten. Die Löwenzahn-Pilz-Sauce darüber geben, mit Parmesan bestreuen und sofort servieren.

 Sie können einige schöne Löwenzahnblüten von den langen Stielen befreien, die Blüten abbrausen, trockentupfen und über das Gericht streuen.

Löwenzahnblüten eigenen sich auch als frühlings-
hafte Tischdekoration. Nur sollten sie auf ein Blatt
oder einen kleinen Untersetzer gelegt werden, da
die Löwenzahnmilch nicht entfernbare Flecken
hinterlässt. Alternativ dazu können Sie die Blüten-
ansätze mit weißem Wachs beträufeln, es erkalten
lassen und die Blüten als Dekoration verwenden.

Lángosch

5 mittelgroße Kartoffeln, 500 g Mehl,
1 Würfel frische Hefe (42 g), 1/2 l lauwarme Milch,
2 Bund Bärlauch, Öl zum Ausbacken, Salz

Die Kartoffeln weich kochen, abkühlen lassen, pellen
und durch die Kartoffelpresse drücken. Das Mehl
unter die Kartoffeln mischen, eine Mulde hinein-
drücken und die Hefe mit etwas Milch darin verrühren. Den Bärlauch abbrausen, trockentupfen, von groben Stielen befreien, in feine Streifen schneiden und
zum Teig geben. Unter Zugabe der restlichen Milch
alles zu einem glatten Teig verarbeiten.
Kleine Stücke vom Teig abreißen und mit der Hand
flach drücken. Das Öl in einem Topf erhitzen und die
Teigflecken darin ausbacken. Mit Salz würzen.

 Mit dem gleichen Teig können Sie auch gefüllte
Teigtaschen backen. Dazu werden die Teigstück-
chen ausgerollt, mit je 1 Stückchen Schafskäse
belegt, zugeklappt und in Öl ausgebacken.

Griechische Weinblätter-Röllchen mit Paprika und Pinienkernen

2 rote Paprikaschoten, 150 g milder griechischer
Schafskäse, 50 g Pinienkerne, 2 EL Butter,
Salz, frisch gemahlener schwarzer Pfeffer,
10 gehackte Bärlauchblätter oder
ersatzweise 1 TL Bärlauch in Öl (Rezept S. 67),
20 g gehacktes Koriandergrün, Weinblätter
(aus dem Glas), 125 g gehackter Rucola

Die Paprikaschoten halbieren, von Stielansatz, Samen
sowie Scheidewänden befreien und in feine Würfel
schneiden. Schafskäse mit der Gabel in kleine Stücke
teilen. Pinienkerne in einer Pfanne ohne Fett anrösten
und hacken.

Butter in einer Pfanne erhitzen und die Paprika darin
bissfest dünsten, salzen, pfeffern und vom Herd nehmen. In einer Schüssel Paprika mit Schafskäse, Pinienkernen, Bärlauch und Koriander vermengen, nochmals
abschmecken und 20 Minuten ziehen lassen.

Die Weinblätter abbrausen und trockentupfen. Mit der
glänzenden Seite nach unten auf eine Arbeitsfläche
legen. 2 Esslöffel Schafskäse-Paprika-Mischung darauf
verteilen, dabei einen Rand von 1 Zentimeter frei lassen. Die seitlichen Blattränder einschlagen und die
Weinblätter aufrollen. Die Röllchen auf einer großen
Platte anrichten und reichlich mit Rucola bestreuen.

 Dazu passt eine Joghurtsauce, gewürzt mit fein
gehacktem Knoblauch, Kräutersalz und Pfeffer.

Amaranth-Bärlauch-Puffer mit Nüssen

Für etwa 10 Puffer
300 ml Gemüsebrühe, 150 g Amaranth,
1/2 Bund Bärlauch oder
ersatzweise 1 EL Bärlauch in Öl (Rezept S. 67),
1 Ei, 2 EL gehackte Walnusskerne,
2 EL Semmelbrösel, 3 EL geriebener Käse
(z.B. Gouda), 1/2 TL gemahlener Koriander,
Kräutersalz, frisch gemahlener schwarzer Pfeffer
Außerdem: Öl zum Braten

In einem Topf die Brühe zum Kochen bringen, den
Amaranth einrieseln lassen und bei geringer Hitze und
geschlossenem Deckel quellen lassen. Nach ca. 30 Minuten den Deckel vom Topf nehmen und den Amaranth so lange weiterquellen lassen, bis die Flüssigkeit
vollständig aufgesogen ist, abkühlen lassen.
Inzwischen den Bärlauch waschen, trockentupfen und
klein schneiden. In einer Schüssel alle Zutaten zu einer
glatten Masse verarbeiten, abschmecken und 10 Minuten ruhen lassen. Mit nassen Händen Puffer formen
und von beiden Seiten im heißen Öl ausbacken.

🌿 Bei dem Amaranth, auch „Korn der Azteken" genannt, handelt es sich um eine tropische Getrei-
desorte mit einem mild nussigen Aroma, die in
Naturkostläden erhältlich ist.

🌿 Zu den Puffern passt gedünstetes Gemüse aller
Art oder ein frischer Salat.

Hauptgerichte mit Fleisch und Fisch

Rinderfilet mit Kräuterjoghurt

500 g Rinderfilet, 1 Rezept Kräutermarinade
für Fleischgerichte (Rezept S. 78),
10 Bärlauchblätter, 1 Hand voll Minzeblätter,
250 g griechischer Joghurt, 2 EL Milch,
1 EL Olivenöl, 1 TL Kräutersalz,
1 große Knoblauchzehe

Das Rinderfilet in Streifen schneiden und mit der Kräutermarinade bestreichen. Zugedeckt ca. 30 Minuten im Kühlschrank ziehen lassen.
Bärlauch- und Minzeblätter abbrausen, trockentupfen und fein hacken. Joghurt mit Milch und Olivenöl verrühren, mit Kräutersalz würzen. Knoblauch schälen, durch die Presse drücken und mit den Kräutern unter den Joghurt rühren. Die Filetstreifen samt dem Pesto 5 Minuten in der Pfanne braten. Zusammen mit dem Joghurt servieren.

Eingefleischte Griechenlandfans trinken dazu gut gekühlten Retsina.

Sie können das Gericht auch fleischlos zubereiten, indem Sie anstelle des marinierten Rinderfilets Auberginen oder Zucchini mit frischem Rosmarin, Salz und Pfeffer würzen und in Olivenöl braten.

Gefüllte Kalbsbrust

250 g Blattspinat (TK),
1 Bund Sauerampfer, 1 fein gewürfelte Zwiebel,
1 zerdrückte Knoblauchzehe,
6–7 EL Olivenöl, Salz, frisch gemahlener
weißer Pfeffer, 3 Scheiben Toastbrot,
80 g junger Gouda, 1 Zweig Rosmarin,
200 g Hackfleisch, 1 Ei,
1 1/2 kg Kalbsbrust (vom Metzger
mit einer Tasche versehen),
600–800 ml Kalbsfond (aus dem Glas),
2–3 EL Speisestärke
Außerdem:
2 Schaschlikspieße bzw. Küchengarn

Den Spinat auftauen, gut abtropfen lassen und grob
klein schneiden. Sauerampfer abbrausen, trockentupfen, von groben Stielen befreien und in feine Streifen
schneiden. Zwiebel und Knoblauch mit 2 Esslöffeln Öl
in der Pfanne andünsten, Spinat und Sauerampfer
dazugeben, salzen, pfeffern und ca. 5 Minuten weiter-
dünsten. Vom Herd nehmen und abkühlen lassen.

Das Toastbrot 1 Zentimeter groß würfeln und in 1 Esslöffel Öl kross anbraten. Gouda in kleine Würfel schneiden. Rosmarinzweig abbrausen, trockentupfen und die Nadeln abzupfen.

Abgekühlte Spinat-Sauerampfer-Mischung, Toastbrot- und Goudawürfel, Rosmarin, Hackfleisch und Ei zu einem geschmeidigen Teig verarbeiten, mit Salz und Pfeffer würzen.

Backofen auf 80 °C vorheizen. Kalbsbrust waschen, trockentupfen, innen und außen mit Salz und Pfeffer einreiben. Die Füllung locker einfüllen (sie geht noch auf!) und die Tasche mit langen Schaschlikspießen zustecken bzw. mit Küchengarn zunähen.

In einem Bräter 3–4 Esslöffel Öl erhitzen und die Kalbsbrust darin rundherum anbraten. Mit 400 Millilitern Kalbsfond ablöschen und den Braten im geschlossenen Bräter bei 80–100 °C 3 1/2 Stunden auf der zweiten Schiene von unten im Ofen garen. Währenddessen immer wieder mit dem Bratfond übergießen, dabei nach und nach den restlichen Kalbsfond angießen. Nach Ende der Garzeit den Braten herausnehmen, die Bratflüssigkeit aufkochen, mit Speisestärke andicken, salzen und pfeffern. Die Kalbsbrust in dünne Scheiben schneiden und servieren. Die Sauce separat dazu reichen.

Wildkräuter-Quiche mit Hackfleisch

Für den Teig: 250 g Mehl, 3 Eier,
50 g Butter, 1 TL Salz,
Für den Belag: 150 g Bärlauch oder ersatzweise
2 EL Bärlauch in Öl (Rezept S. 67),
100 g Sauerampfer, 100 g Rucola,
100 g Löwenzahn, 50–60 g Brunnenkresse,
50 g glatte Petersilie, 2 mittelgroße Zwiebeln,
350 g Hackfleisch vom Rind, 2 EL Butter,
1 TL edelsüßes Paprikapulver,
1/2 TL Cayennepfeffer, 200 g Schmand,
2 Eier, 150 g geriebener Emmentaler,
Salz, frisch gemahlener schwarzer Pfeffer
Außerdem: Butter zum Andünsten und
Ausfetten der Form

Aus Mehl, Eiern, Butter und Salz einen geschmeidigen Mürbeteig herstellen, zur Kugel formen und in Klarsichtfolie gewickelt ca. 20 Minuten kalt stellen.
Inzwischen für den Belag Wildkräuter und Petersilie abbrausen, trockentupfen, von groben Stielen befreien und alle mit Ausnahme der Brunnenkresse in grobe Streifen schneiden. Zwiebeln schälen und in dünne Ringe schneiden.
Das Hackfleisch in der Butter anbraten, mit Paprikapulver und Cayennepfeffer würzen. 80 Milliliter Wasser angießen und das Fleisch 10 Minuten köcheln lassen, vom Herd nehmen. Zwei Drittel der Kräuter unter das Hackfleisch mischen. Schmand, Eier und Käse ebenfalls unterarbeiten. Mit Salz und Pfeffer würzen.

Den Backofen auf 180 °C vorheizen. Eine Spring- oder Quicheform ausfetten. Den Boden mit dem Mürbeteig auslegen, dabei den Rand ca. 1,5 Zentimeter hochdrücken. Die Fleisch-Kräuter-Masse einfüllen und mit den restlichen Kräutern bedecken. Die Quiche 35 Minuten im Ofen backen.

Lammfilets mit jungen Möhren

6 Lammfilets,
Salz, frisch gemahlener weißer Pfeffer,
3 EL Bärlauchpesto mit Schafskäse (Rezept S. 67),
1 Bund junge Möhren, 3 EL Butter, 1 EL Honig

Die Lammfilets waschen, trockentupfen, salzen, pfeffern und mit dem Pesto bestreichen. Zugedeckt ca. 30 Minuten im Kühlschrank ziehen lassen.
Inzwischen Möhren vom Grün befreien und abbrausen, nicht schälen. Butter in einer Pfanne zerlassen, Honig einrühren und die Möhren darin bei geschlossenem Deckel und mittlerer Hitze 10 Minuten dünsten, herausnehmen und warm halten.
Die Filets samt Pesto im verbliebenen Fett in der Pfanne rundherum 5 Minuten anbraten, die Hitze reduzieren und das Fleisch weitere 5 Minuten garen. Möhren zugeben und erneut erhitzen. Fleisch und Möhren mit wenig Salz und Pfeffer würzen und servieren.

 Als Beilage dazu können Sie Polenta oder
Reis reichen.

Pizza mit Steinpilzen, Parmaschinken und Trüffelcreme

Für den Teig: 1 Päckchen Trockenhefe,
je 1 Prise Salz und Zucker, 350 ml lauwarmes
Wasser, 350 g Mehl, 2 EL Olivenöl
Für den Belag: 1 mittelgroße Zwiebel,
4 Knoblauchzehen, 2 EL Olivenöl,
500 g geschälte Tomaten (aus der Dose),
1 großer Steinpilz (ca. 200 g), 150 g Rucola,
4 Stängel Basilikum, Salz, frisch gemahlener
schwarzer Pfeffer, 200 g Mascarpone,
3 EL Trüffelöl, 2 Kugeln Mozzarella,
6 dünne Scheiben Parmaschinken
Außerdem: Fett für die Bleche

Für den Teig die Hefe mit Salz und Zucker im lauwarmen Wasser auflösen. Mit Mehl und Olivenöl zu einem geschmeidigen Teig verkneten. An einem warmen Ort mindestens 30 Minuten gehen lassen.
Inzwischen für den Belag Zwiebel und Knoblauch schälen und fein würfeln. Das Olivenöl in einer Pfanne erhitzen und beides darin andünsten, Tomaten dazugeben und die Sauce in 10–15 Minuten einkochen lassen. Steinpilz putzen und in dünne Scheiben schneiden. Rucola und Basilikum abbrausen, trockentupfen und grobe Stiele entfernen. Basilikumblättchen grob hacken und zur Tomatensauce geben, mit Salz und Pfeffer würzen. Mascarpone mit Trüffelöl verrühren. Mozzarella in dünne Scheiben schneiden. Den Ofen auf 180 °C vorheizen. 2 Backbleche einfetten.

Teig zu zwei runden Pizzen ausrollen und auf die Bleche legen. Mit der Tomatensauce bestreichen, mit den Mozzarella- und Steinpilzscheiben belegen und mit Tupfen der Trüffelcreme versehen.

Auf mittlerer Schiene bei 180 °C 15 Minuten backen. Je 3 Scheiben Parmaschinken auf die heißen Pizzen legen, den Rucola darauf verteilen und sofort servieren.

Dorade Royal mit Kräuterkruste

1 küchenfertige Dorade Royal (ca. 1 kg),
1 Bund Sauerampfer, 1 Bund glatte Petersilie,
1 Hand voll Brunnenkresse,
50 ml Sauerampfer-Limettenöl (Rezept S. 69),
1 TL Kräutersalz, 1/2 TL frisch gemahlener weißer Pfeffer, 100 g Pinienkerne, 1 unbehandelte Zitrone

Die Dorade waschen und trockentupfen. Sauerampfer, Petersilie und Brunnenkresse abbrausen, trockentupfen, von groben Stielen befreien und fein hacken. Sauerampfer-Limettenöl, Kräutersalz und Pfeffer mit den Pinienkernen und den Kräutern portionsweise im Mörser zerstoßen. Die Zitrone heiß abbrausen, halbieren, eine Fruchthälfte auspressen, die andere Hälfte in Scheiben schneiden. Die Kräuterpaste mit dem Zitronensaft würzen. Zitronenscheiben in die Bauchhöhle der Dorade legen. Den Fisch auf ein großes Stück Alufolie legen, mit der Kräuterpaste bestreichen und in die Folie wickeln. Die Dorade von beiden Seiten ca. 15 Minuten auf dem Elektro- oder Holzkohlengrill garen.

Pikantes Gebäck

Bärlauch-Camembert-Herzen

1 1/2 Bund frischer Bärlauch, 200 g Kassler ohne
Knochen, 250 g Camembert, 200 g Schmand oder
saure Sahne, 200 ml Sahne, 2 Eier, 300 g Mehl,
1 Päckchen Backpulver, Salz, Zucker
Außerdem: ca. 100 g Mehl zum Verarbeiten,
1 herzförmiger Ausstecher,
1 Eigelb und 2 EL Milch zum Bestreichen

Bärlauch abbrausen, trockentupfen, von groben Stielen befreien und in kleine Streifen schneiden. Kassler
und Camembert sehr klein würfeln und mit Schmand
oder saurer Sahne, Sahne, Eiern, Mehl und Backpulver
zu einem Teig verarbeiten. Mit Salz und Zucker würzen
und die Bärlauchstreifen untermengen.
Auf einer bemehlten Arbeitsfläche so viel vom restlichen Mehl unterkneten, dass der Teig nicht mehr klebt.
Zugedeckt ca. 15 Minuten ruhen lassen. Den Teig 1 Zentimeter dick ausrollen und mit einem herzförmigen
Ausstecher 45–50 Herzen ausstechen. Das Eigelb und
die Milch verquirlen und die Herzen damit bestreichen.
In den auf 180 °C vorgeheizten Backofen schieben und
auf mittlerer Schiene in ca. 15 Minuten goldgelb backen.

 Dazu schmeckt Bärlauch-Zitronen-Butter köstlich
(Rezept S. 76). Die Herzen eignen sich hervorragend für ein Brunch. Zu Ostern kann man kleine
Hasen ausstechen, zu Weihnachten Tannenbäum-
chen. In der kalten Jahreszeit muss man sich allerdings mit Bärlauchpesto (Rezept S. 67) behelfen.

Focaccia mit Bärlauch

1 TL Zucker, 400 g Mehl,
200 ml lauwarmes Wasser,
1 Würfel frische Hefe (42 g), 2 Knoblauchzehen,
15–20 gehackte Bärlauchblätter,
1 TL Salz, 2 EL Olivenöl
Außerdem:
1 EL Butter und 1 EL Mais- oder
Weichweizengrieß für Schüssel und Form,
lauwarmes Wasser und Olivenöl zum Bestreichen,
3 TL grobkörniges Salz zum Bestreuen

Zucker mit etwas Mehl und Wasser mischen und die
Hefe vollständig darin auflösen. Knoblauch schälen.
Bärlauchblätter abbrausen und trockentupfen, grobe
Stiele entfernen und die Blätter halbieren. Restliches
Mehl auf eine Arbeitsfläche sieben und in die Mitte eine
Mulde drücken. Knoblauch durch die Presse hinein-
drücken, das Salz zugeben. Hefemischung mit dem
Olivenöl unterrühren und alles zu einem geschmei-
digen Teig verarbeiten. Mindestens 10 Minuten gut
durchkneten, dabei portionsweise den Bärlauch einar-
beiten. Den Teig zu einer Kugel formen und in einer mit

Butter ausgefetteten Schüssel zugedeckt an einem warmen, zugfreien Ort 30–40 Minuten gehen lassen.

Den Backofen auf 200 °C vorheizen. Den Boden einer Springform buttern und mit Mais- oder Weizengrieß ausstreuen. Den Teig nochmals kurz durchkneten und den Boden der Form damit auslegen. Mit einer Gabel Löcher in den Teig stechen und die Oberfläche mit lauwarmem Wasser bestreichen.

Auf der mittleren Schiene des Backofens 10 Minuten backen. Danach die Hitze auf 180 °C reduzieren. Nochmals mit Wasser und etwas Olivenöl bestreichen und in weiteren 15 Minuten fertig backen. Nach dem Ende der Backzeit mit grobkörnigem Salz bestreuen, wie eine Torte in Stücke schneiden und noch lauwarm servieren.

 Reichen Sie als Abrundung dazu kühle Bärlauch-Zitronen-Butter (Rezept S. 76), die sich gut vorbereiten lässt. In der Kombination ist dies ein gelungener Auftakt zu einem feinen Menü.

Fladenbrot mit Rucola und Oliven

500 g Mehl, 20 g frische Hefe,
1 Prise Zucker, 1/4 l lauwarmes Wasser,
1 mittelgroße Zwiebel, 125 g Rucola,
1 kleiner Zweig Rosmarin,
150 g entsteinte grüne Oliven, 2 TL Salz
Außerdem: Mehl zum Verkneten

Das Mehl in eine zimmerwarme Schüssel sieben und
in die Mitte eine Mulde drücken. Hefe und Zucker im
lauwarmen Wasser vollständig auflösen und in die
Mulde geben. Das Mehl vom Rand her nach und nach
mit der Hefemischung zu einem geschmeidigen Teig
verkneten, der nicht mehr klebt. Bei Bedarf noch etwas
Mehl dazugeben. Den Teig zu einer Kugel formen und
zugedeckt an einem warmen, zugfreien Ort 30 Minuten gehen lassen.
Inzwischen die Zwiebel schälen und klein würfeln.
Rucola und Rosmarin abbrausen, gut trockentupfen,
die Blättchen von den groben Stielen befreien bzw. die
Nadeln vom Zweig zupfen. Rucola in breite Streifen
schneiden. Zwiebel, Rucola, Rosmarin und Oliven zum
Teig geben und gründlich einarbeiten.
Den Backofen auf 200 °C vorheizen. Den Teig zu
einem länglichen Laib formen und noch weitere 15 Minuten zugedeckt gehen lassen.
Das Brot 10 Minuten bei 200 °C auf mittlerer Schiene
backen, danach die Hitze auf 180 °C reduzieren und
das Brot in 30 Minuten fertig backen.

Roggenbrötchen mit Kräutern

500 g Roggenmehl, 15 g frische Hefe,
50 g Natursauerteig (Reformhaus), 1 Prise Zucker,
1/2 l lauwarmes Wasser, 50 g Löwenzahn,
50 g Bärlauch, 50 g Sauerampfer, 1 TL Kräutersalz
Außerdem: Mehl zum Auskneten,
1 Hand voll Sonnenblumenkerne, 1 Hand voll
Sesam- und Mohnsamen zum Bestreuen

Am Vortag die Hälfte des Mehls in eine Schüssel geben
und in die Mitte eine Mulde drücken. Hefe und Sauer-
teig vermischen und mit dem Zucker im lauwarmen
Wasser auflösen, in die Mulde geben, mit etwas Mehl
vom Rand bedecken. Den Vorteig über Nacht zugedeckt an einem warmen Ort gehen lassen.
Am nächsten Tag Kräuter abbrausen, trockentupfen,
von groben Stielen befreien und mit dem Wiegemesser
fein wiegen. Den Backofen auf 220 °C vorheizen.
Vorteig, restliches Mehl, Salz und Kräuter zu einem
glatten Teig verkneten. Teigkugeln in der Größe von
Tischtennisbällen daraus formen und mit Abstand auf
ein mit Backpapier ausgelegtes Backblech legen. Zugedeckt weitere 20 Minuten gehen lassen.
Die Oberfläche der Brötchen mit lauwarmem Wasser
bestreichen, kreuz- oder sternförmig einschneiden und
mit Kernen und Samen bestreuen. Im Ofen auf mittlerer Schiene in ca. 25 Minuten goldbraun backen.

 Zu den noch warmen Kräuterbrötchen passt die
Bärlauch-Zitronen-Butter (Rezept S. 76) sehr gut.

Kräuter-Zucchini-Muffins

1 mittelgroße Zwiebel, 2 Knoblauchzehen,
20 g Butter, 200 g Hackfleisch,
100 g geschälte Tomaten aus der Dose,
1 Tüte Würzmischung für Chili con Carne,
Salz, frisch gemahlener schwarzer Pfeffer,
250 g Zucchini, 50 g Pecorino, 50 g Rucola,
15 Bärlauchblätter oder ersatzweise
1 EL Bärlauchpesto (Rezept S. 67),
200 g Mehl, 1/2 Päckchen Backpulver,
80 g weiche Butter, 100 ml Milch, 2 Eier
Außerdem: 1 Muffinblech für
12 mittelgroße Muffins, Fett für die Form
oder 12 Papiermanschetten für Muffins

Die Zwiebel und den Knoblauch schälen und sehr fein
würfeln. In einer Pfanne die Butter zerlassen und beides darin andünsten. Hackfleisch dazugeben und in
ca. 10 Minuten krümelig braten. Tomaten und Würzmischung zufügen, mit Salz und Pfeffer würzen.
Inzwischen die Zucchini auf der Reibe grob raspeln.
Pecorino fein reiben. Rucola und Bärlauchblätter abbrausen, trockentupfen, von groben Stielen befreien
und in feine Streifen schneiden. Backofen auf 220 °C
vorheizen und die Vertiefungen des Blechs ausfetten
oder mit Papiermanschetten auslegen.
In einer Schüssel Mehl und Backpulver vermischen
und mit Butter, Milch und Eiern zu einem Teig verrühren. Hackfleisch-Mischung, Zucchini und Käse zum
Teig geben und gut einarbeiten. Kräuterstreifen unter-

heben und den Teig in die Vertiefungen des Muffin-
blechs verteilen. Im Ofen auf mittlerer Schiene 10 Minuten backen, dann die Hitze auf 200 °C reduzieren
und die Muffins in weiteren 15 Minuten fertig backen.

 Je nach Jahreszeit können Sie Papiermanschetten
mit unterschiedlichen Motiven verwenden – so
sind die Muffins auch für Kinder ein Renner.

Eingelegtes und Eingemachtes

Bärlauchpesto mit Schafskäse

1 kg Bärlauch, 300 g Schafskäse,
650–750 ml kaltgepresstes Distel-
oder Sonnenblumenöl,
40–50 g grobkörniges jodhaltiges Meersalz
Außerdem: 4–6 Gläser mit
Schraubverschluss

Den Bärlauch gut abbrausen, von den groben Stielen befreien, gut trockenschleudern und sehr fein schneiden. Den Schafskäse grob zerteilen. Das Öl mit Bärlauchblättern, Käse und Salz in der Küchenmaschine oder mit dem Mixstab zu einer breiigen Masse verarbeiten. Ohne Zwischenräume in die Gläser füllen, mit etwas Öl bedecken und fest verschließen.

Bärlauch in Öl

1 kg Bärlauch, 750 ml kaltgepresstes
Distel- oder Sonnenblumenöl,
60–80 g grobkörniges jodhaltiges Meersalz
Außerdem: 4–6 Gläser mit Schraubverschluss

Den Bärlauch gut abbrausen, von den groben Stielen befreien und gut trockenschleudern. Die Blätter in der Küchenmaschine oder mit dem Mixstab nach und nach zerkleinern, Öl und Salz hinzufügen und alles zu einer geschmeidigen Masse verarbeiten. In Schraubgläser abfüllen, mit Öl bedecken und fest verschließen.

Rucolapesto mit Pinienkernen und Pecorino

1 kg Rucola, 350 g Pecorino,
1 l kaltgepresstes Distel- oder Sonnenblumenöl,
300 g Pinienkerne, 2–3 TL Kräutersalz
Außerdem: 4–6 Gläser mit Schraubverschluss

Den Rucola abbrausen, trockenschleudern, von groben Stielen befreien und in Streifen schneiden. Pecorino grob zerteilen. Öl mit Rucolablättern, Pecorino und zwei Dritteln der Pinienkerne in der Küchenmaschine oder mit dem Mixstab zu einer breiigen Masse verarbeiten. Restliche Pinienkerne unterrühren, mit Kräutersalz würzen. Pesto ohne Zwischenräume in Gläser füllen, mit etwas Öl bedecken und fest verschließen.

Bärlauchöl

150 g Bärlauch, 3/4 l Olivenöl (extra vergine)

Den Bärlauch gut abbrausen, von den groben Stielen befreien und gut trockenschleudern. Die Blätter mit einem scharfen Küchenmesser quer in feine Streifen schneiden und in eine dunkle Literflasche geben. Mit Olivenöl auffüllen und ca. 3 Wochen bei Zimmertemperatur möglichst lichtgeschützt stehen lassen. Abseihen und in kleinere Flaschen füllen.

🌿 Das Bärlauchöl ist bis zu 10 Monate haltbar. Es ist eine Bereicherung für jedes Salatdressing und ergänzt die mediterrane Sommerküche in vielen Bereichen.

Sauerampfer-Limetten-Öl

1 Bund Sauerampfer,
2 unbehandelte Limetten, 1 unbehandelte Zitrone,
1 1/2 l Olivenöl (extra vergine)

Sauerampfer abbrausen, trockentupfen, von langen Stielen befreien und in grobe Streifen schneiden. Limetten und Zitrone heiß abbrausen, mit einer feinen Reibe die Zitronen- und Limettenschale rundherum abreiben. Sauerampfer und Zitrusschalen auf zwei dunkle Milchflaschen verteilen, mit Öl auffüllen und gut verschlossen 2–3 Wochen ziehen lassen. Dann das Öl durchseihen und in dekorative Flaschen umfüllen.

🌿 Die intensive Zitrusnote dieses Öls gibt besonders knackigen Sommersalaten das gewisse Etwas. Zusammen mit Aceto Balsamico, Kräutersalz und frisch gemahlenem Pfeffer ist im Handumdrehen eine erfrischende Salatsauce gezaubert.

🌿 Füllt man einige frisch geschnittene Limettenscheiben zusammen mit dem Öl in eine besonders schöne Flasche, hat man ein attraktives Geschenk, das jeden Hobbykoch begeistert.

Waldkapern

2 Hände voll geschlossene Bärlauchknospen,
1 Hand voll Senfkörner, 5 weiße Pfefferkörner,
5 Wacholderbeeren, 2 Lorbeerblätter,
1 l Kräuter- oder Weißweinessig
Außerdem: 5 Schraubgläser à 250 ml

Die Bärlauchknospen gut abbrausen und trockentupfen. In die Schraubgläser verteilen, die Gewürze dazugeben und alles mit Essig bedecken. Die Gläser fest verschließen und ca. 3 Wochen an einem kühlen Ort stehen lassen.

 Die Waldkapern halten sich in dem Sud ca. 10 Monate. Man verwendet sie in gleicher Weise wie herkömmliche Kapern, z.B. für Vitello Tonnato (Rezept S. 40). Der Einlegeessig kann übrigens gut für Salatsaucen verwendet werden.

Bärlauchessig

150 g Bärlauch,
750 ml Weißweinessig

Den Bärlauch gründlich abbrausen, von den groben Stielen befreien und gut trockentupfen. Die Blätter mit einem scharfen Küchenmesser quer in feine Streifen schneiden und in eine dunkle, lichtgeschützte Literflasche geben. Die Flasche mit dem Essig auffüllen und für ca. 3 Wochen kühl und dunkel stehen lassen. Dann kann der Essig durchgeseiht und nach Belieben in dekorative Flaschen umgefüllt werden.

 Insbesondere in Kombination mit dem selbstgemachtem Bärlauchöl (Rezept S. 68) ein wunderbares Geschenk!

Wildkräuteröl

10 Bärlauchblätter, 10 Sauerampferblätter,
10 Löwenzahnblätter, 1 Hand voll Brunnenkresse,
3 Salbeiblätter, 1 kleiner Zweig Rosmarin,
10 rote Pfefferkörner, 30 Senfkörner,
1 1/2 l kaltgepresstes Distel- oder
Sonnenblumenöl

Die Wildkräuter gut abbrausen und trockentupfen, die Rosmarinnadeln vom Zweig zupfen und hacken, die übrigen Kräuter von den groben Stielen befreien und klein schneiden. Mit den Pfeffer- und Senfkörnern auf 2 dunkle Milchflaschen verteilen, mit dem Öl aufgießen und gut verschlossen 3–4 Wochen stehen lassen. Danach die Kräuter abseihen und das Wildkräuteröl nach Belieben in dekorative Flaschen umfüllen.

 Nach dem Abfüllen können Sie einen frischen Kräuterzweig, z.B. Rosmarin, in die Flasche geben und das Öl damit dekorieren. Ein individuelles Mitbringsel zu einem schönen Essen!

Selbst gemachter Bärlauch-Mozzarella

100 g Bärlauchblätter, 5 l frische Vollmilch
(am besten direkt vom Bauernhof), 1 ml Hauser
Labextrakt Liquidum (aus der Apotheke),
4–8 siebartige Käseformen
Außerdem: 1 Thermometer, 1 Einwegspritze

Den Bärlauch gut abbrausen, trockentupfen, von groben Stielen befreien und in feine Streifen schneiden. Die Milch in einem großen Topf auf 28–30 °C erwärmen (die Temperatur nicht überschreiten!). Bei erreichter Temperatur den Labextrakt Liquidum in die Milch einrühren und den Topf vom Herd nehmen. Die Mischung 1 Stunde kühl stellen, danach sollte sie schnittfest sein.
Mit einem Messer nun kreuz und quer durch die Masse schneiden und anschließend mit dem Kochlöffel kurz durchrühren, damit die Molke aus der Masse austreten kann. Die Molke auffangen und über die Käseformen gießen, um diese zu „desinfizieren". Die Mozzarella-Masse durch ein feines Sieb vollständig abseihen und die Bärlauchstreifen unterheben. In die bereitgestellten Käseformen abfüllen und die Restmolke ablaufen lassen. Die Mozzarella-Stücke in Vorratsdosen kühl lagern.

 Der Mozzarella hält sich 1 Woche im Kühlschrank. Um seine Haltbarkeit zu verlängern, kann man die Stücke rundum etwas einsalzen.

🌿 Der Mozzarella kann selbstverständlich auch mit anderen Kräutern verfeinert werden. Gut eignen sich z.B. frisches Basilikum in Kombination mit Brunnenkresse oder frischer Oregano mit Rucola.

🌿 Anstelle der Käseformen können Sie auch mit Löchern versehene 500-Gramm-Joghurtbecher verwenden.

Eingelegter Mozzarella

1 Chilischote, 1 Zweig Rosmarin,
5 Salbeiblätter, 2 TL frischer Oregano,
800 ml Olivenöl (extra vergine),
2 Lorbeerblätter, 1/2 Rezept selbst gemachter
Bärlauch-Mozzarella (Rezept S. 72)
Außerdem: 3 Schraubgläser à 500 ml

Die Chilischote abbrausen, halbieren, von Stielansatz, Samen sowie Scheidewänden befreien und sehr fein würfeln. Rosmarin, Salbei und Oregano abbrausen, trockentupfen, Blättchen und Nadeln von den Stängeln zupfen und grob hacken. Chilischote, Rosmarin Salbei und Oregano in eine Schüssel füllen, das Olivenöl dazugeben und mit den Lorbeerblättern zu einer Marinade verrühren. Mozzarella in 1 Zentimeter große Würfel schneiden und auf die Schraubgläser aufteilen. Käsewürfel mit der Marinade bedecken, die Gläser fest verschrauben und im Kühlschrank aufbewahren.

Marinaden, Dips und Saucen

Walddressing mit Himbeeressig

30 g Brunnenkresse, 2 EL Himbeeressig,
1 1/2 EL Olivenöl (extra vergine), Saft von 1/2 Zitrone,
1 TL Kräutersalz, frisch gemahlener schwarzer Pfeffer

Die Brunnenkresse abbrausen, trockentupfen und die Blättchen von den Stielen zupfen. Die Hälfte davon fein hacken, die andere Hälfte für die Garnitur beiseite legen. Aus Himbeeressig, Olivenöl und Zitronensaft ein Dressing rühren, die gehackte Brunnenkresse untermischen und mit Kräutersalz und Pfeffer würzen.

 Einem mit diesem Dressing angemachten Salat können Sie noch frische Himbeeren hinzufügen.

Wildkräuter-Zitronen-Dressing

Je 6 Blätter Sauerampfer und Löwenzahn,
1 EL Olivenöl (extra vergine),
2 EL Mayonnaise, 1 EL Joghurt, 1 EL Dijonsenf,
Saft von 1 Zitrone, Salz, frisch gemahlener
schwarzer Pfeffer, 1/2 TL Sojasauce

Sauerampfer und Löwenzahn abbrausen, trockentupfen und von den groben Stielen befreien. Im Mörser oder in der Küchenmaschine mit dem Olivenöl sehr fein pürieren. Kräuterpaste, Mayonnaise, Joghurt, Senf und Zitronensaft zu einem sämigen Dressing verrühren, mit Salz, Pfeffer und Sojasauce würzen.

Bärlauch-Zitronen-Butter

1 Bund Bärlauch, 500 g zimmerwarme Butter, Saft
und Schale von 1 unbehandelten Zitrone, Kräutersalz

Den Bärlauch gut abbrausen, von den groben Stielen
befreien, gut trockentupfen und sehr fein schneiden.
Die Butter in eine Schüssel geben und mit Bärlauchstreifen, Zitronensaft und -schale verrühren, mit Kräutersalz würzen.

 Die Butter lässt sich auch sehr gut portionsweise
in einem Eiswürfelbehälter einfrieren.

Wildkräuterquark

250 g Magerquark, 100 g Schmand,
30 g Brunnenkresse, 50 g Sauerampfer,
50 g Bärlauch, 1/2 TL gemahlener Kümmel,
1/2 TL edelsüßes Paprikapulver,
1 TL mittelscharfer Senf,
1/2 TL Cayennepfeffer, 1/2 TL Kräutersalz

Den Quark und den Schmand gut miteinander vermischen. Brunnenkresse, Sauerampfer und Bärlauch abbrausen und trockentupfen. Kresseblättchen von den
Stielen zupfen, die übrigen Kräuter von den groben
Stängeln befreien. Alle Kräuter sehr fein hacken und
unter die Quarkmischung mengen, mit Kümmel, Paprika, Senf, Cayennepfeffer und Kräutersalz würzen.

Der Quark schmeckt auch Kindern, vor allem wenn er auf Crackern serviert wird. Mit Gurkenschnitzen, halbierten Kirschtomaten und Möhrenscheibchen kann man Gesichter und Frösche darauf zaubern – und die hüpfen dann fast von ganz allein in die Kindermünder, auch wenn die so etwas Gesundes eigentlich gar nicht mögen!

Fondue-Sauce mit Rucola und Bärlauch

50 g Rucola, 10 Bärlauchblätter,
200 g Magerjoghurt, 100 g Salatmayonnaise,
1 Msp. Zwiebelsalz, 1/2 TL Kräutersalz,
frisch gemahlener roter Pfeffer

Rucola und Bärlauchblätter gut abbrausen, trockentupfen, von den groben Stielen befreien, in sehr feine Streifen schneiden und zusätzlich mit dem Wiegemesser fein wiegen. Den Joghurt mit der Mayonnaise verrühren und die Kräuter untermischen, mit Zwiebelsalz, Kräutersalz und Pfeffer würzen.

 Die Sauce bekommt einen asiatischen Touch, wenn man zusätzlich 1 Teelöffel Currypulver, 1/2 Teelöffel Ingwer und 1 Messerspitze Kumin (Kreuzkümmel) unterrührt. Mit Safran oder Kurkuma (Gelbwurz) bekommt sie auch im Nu eine neue Farbe! In dieser Variation eignet sich die Sauce hervorragend zum Fondue Chinoise.

Kräutermarinade für Fleischgerichte

5 Bärlauchblätter, je 1 Hand voll Brunnenkresse
und Oregano, 1 kleiner Zweig Rosmarin,
5 EL Olivenöl (extra vergine), 1 TL Paprikapulver,
1 TL mittelscharfer Senf, Kräutersalz,
1/2 TL Cayennepfeffer, Saft von 1 Zitrone

Die Kräuter abbrausen und trockentupfen, Blätter und
Nadeln abzupfen. Bärlauch in grobe Streifen schneiden. Alle Kräuter mit dem Wiegemesser fein wiegen. In
einer Schüssel mit Öl, Gewürzen und Zitronensaft zu
einer sämigen Marinade verrühren.

Sauerampfer-Buttersauce

1 mittelgroße Zwiebel, 80 g Sauerampfer, 2 EL Butter,
200 ml Sahne, Salz, frisch gemahlener weißer Pfeffer,
Saft von 1/2 Zitrone, 50 g gut gekühlte Butter

Die Zwiebel schälen und fein würfeln. Sauerampfer abbrausen, trockentupfen, von groben Stielen befreien
und in feine Streifen schneiden. Zwiebel in der Butter
andünsten, mit der Sahne ablöschen und aufkochen.
Den Sauerampfer zugeben und kurz im offenen Topf
köcheln lassen. Würzen, vom Herd nehmen, gekühlte
Butter zugeben und alles mit dem Mixstab pürieren.

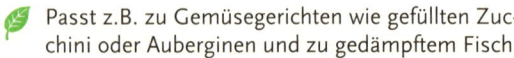 Passt z.B. zu Gemüsegerichten wie gefüllten Zuc-
chini oder Auberginen und zu gedämpftem Fisch.

Sauerampfer-Mascarpone-Sauce

40 g Sauerampfer, Saft von 1/2 Zitrone,
2 EL Mascarpone, 4 EL Joghurt, 4 EL Sahne, Salz,
frisch gemahlener weißer Pfeffer

Sauerampfer abbrausen, trockentupfen, von den groben Stielen befreien und grob hacken. Mit Zitronensaft, Mascarpone, Joghurt und Sahne im Mixer pürieren, salzen und pfeffern. Mindestens 1 Stunde kühlen.

 Die Sauce passt z.B. zu Fondues, Geflügelsalat, gegrilltem Fisch oder kaltem Fischfilet.

Brunnenkresse-Sauce

50 g Brunnenkresse, 1 gehackte Zwiebel, 1 EL Butter,
1/4 l Fischfond, 100 ml Weißwein, 100 ml Sahne,
Salz, frisch gemahlener Pfeffer, Saft von 1/2 Zitrone,
1 EL Noilly Prat (trockener französischer Wermut)

Die Brunnenkresse abbrausen, trockentupfen und die Blättchen von den Stielen zupfen. Zwiebel in Butter andünsten. Fond und Wein angießen und auf ein Drittel reduzieren. Die Sahne zugeben und kurz aufkochen lassen. Brunnenkresse unterrühren. Die Sauce pürieren und dann durch ein Sieb streichen. Mit Salz, Pfeffer, Zitronensaft und Noilly Prat würzen.

 Diese Sauce bereichert jedes Fischgericht.

Verzeichnis der Rezepte

Suppen

Salate

Außergewöhnliche Vorspeisen und Aperitifs

Vegetarische Hauptgerichte

Hauptgerichte mit Fleisch und Fisch

Pikantes Gebäck

Eingelegtes und Eingemachtes

Marinaden, Dips und Saucen